थोड़ा सा धुआँ रह गया

पुनीत शर्मा

BlueRose ONE.com
Stories Matter

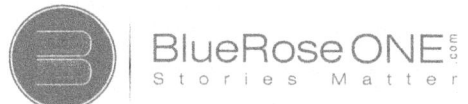

BLUEROSE PUBLISHERS
India | U.K.

Copyright © Puneet Sharma 2023

All rights reserved by author. No part of this publication may be reproduced, stored in a retrieval system or transmitted in any form or by any means, electronic, mechanical, photocopying, recording or otherwise, without the prior permission of the author. Although every precaution has been taken to verify the accuracy of the information contained herein, the publisher assume no responsibility for any errors or omissions. No liability is assumed for damages that may result from the use of information contained within.

BlueRose Publishers takes no responsibility for any damages, losses, or liabilities that may arise from the use or misuse of the information, products, or services provided in this publication.

For permissions requests or inquiries regarding this publication,
please contact:

BLUEROSE PUBLISHERS
www.BlueRoseONE.com
info@bluerosepublishers.com
+91 8882 898 898
+4407342408967

ISBN: 978-93-5819-075-5

Typesetting: Pooja Sharma

First Edition: July 2023

समर्पण

"थोड़ा सा धुआँ रह गया"

उस प्रेम भावना को समर्पित है,

जिसमें बदले में कुछ पाने की लालसा नहीं है।

"मुकम्मल ना सही, अधूरा भी ठीक है
ये इश्क है हूज़ूर, व्यापार नहीं, ये एकतरफा भी ठीक है"

प्रस्तावना

गुनाह तो हो गया जनाब, अब तो बस सजा काट रहे हैं
मुहब्बत के दर्द को अल्फाज़ों में बाँट रहे हैं

प्रेम, प्यार, मुहब्बत, इश्क़

भले ही इन शब्दों में एक अक्षर अधूरा है, मगर जिस भावना को ये वयक्त करते हैं, वह अपने आप में परिपूर्ण है। इसे जिसने भी महसूस किया, उसे इस की पूर्णता का अहसास आजीवन रहता है।

मेरा यह कविता संग्रह इसी भावना के अलग अलग अहसासों को अपने शब्दों में पिरोने का एक प्रयास है।

स्वीकृति

"थोड़ा सा धुआँ रह गया" उसी कोशिश में अगला पड़ाव है जिसकी शुरूआत मेरे पहले संग्रह "अधूरा इश्क, अधूरे हम" से हुई थी।

मैं अपने माता पिता श्री बलदेव दत्त जी और स्वर्गीय श्रीमती स्वर्ण लता जी की परवरिश को धन्यवाद देता हूँ जिसके बल-बूते पे ही मैंनें अपने जीवन में सब कुछ हासिल किया है।

मैं अपने गुरुजनों का आभारी हूँ जिनकी शिक्षा और मार्गदर्शन आज भी मेरी कला, मेरे कौशल को सही दिशा दिखाती है।

मैं अपने मित्रों और शुभचिंतकों, विशेष रूप से डा. मोनिका ठाकुर, डा. रेणु खेडकर, डा. सुनयन और सुश्री भावना पाण्डे का हृदय से आभारी हूँ जिन्होनें मुझे प्रोत्साहित किया और साथ ही मेरी गलतियाँ सुधारने में भी मदद की।

मैं अपनी भार्या पूजा और सुपुत्री पराकाष्ठा का धन्यवाद करने में सक्षम नहीं हूँ। मेरे कठिन समय में इनके साथ और उत्साहवर्धन ने ही मुझे उबारा और आगे बढ़ने के लिए प्रोत्साहित किया। मैं इनका आभार शब्दों में परिभाषित नहीं कर सकता।

अनुक्रमणिका

1. मेरे इश्क की कहानी 1
2. यादें 2
3. ये रास्ते 3
4. इश्क़ का कर्ज़ 4
5. ख़ूबसूरत मंज़र 5
6. खैरियत 6
7. कीमत मेरे प्यार की 7
8. दिल की बात 8
9. जान के दुश्मन 9
10. इश्क़ की तलब 10
11. खण्डर 11
12. जताना छोड़ दिया 12
13. जीना क्यूँ है 13
14. तमन्ना 14
15. उम्मीद 15
16. इश्क का खज़ाना 16
17. ये अधूरा इश्क 17
18. तुम्हें पाया ही नहीं 18
19. दिल के सवाल 19

20. थोड़ा सा धुँआ रह गया 20

21. रंजो-ग़म से दोस्ती 21

22. बस मर ही गया मैं 22

23. तुम्हें नहीं देखा 23

24. इश्क़ कहो या पागलपन 24

25. मुहब्बत की तुरपाइयाँ 25

26. मेरा दिल तोड़ कर रोए 26

27. इश्क़ बेहिसाब है 27

28. ये ज़ख्म जो मेरे हैं 28

29. आता है गुस्सा खुद पे 29

30. मर गया मैं कब का 30

31. हिसाब बराबर 31

32. खिलौना, मज़ाक, तमाशा 32

33. ज़िंदगी भर 33

34. सफर 34

35. अधूरे ख्वाब 35

36. तब भी तुमको चाहता रहूँगा 36

37. मुझे तोड़ दिया 37

38. बेमतलब मुहब्बत 38

39. कोई सपना ना था 39

40. जोशे-जवानी 40

41. बरकरार था, बरकरार है 41

42. उम्र	42
43. आसान है मरना	43
44. शुरूआत तुम से हो	44
45. झूठी आस	45
46. ओझिल मंज़िलें हैं	46
47. अब आज़ाद होना है	47
48. मेरा वहम	48
49. महफिल की जान	49
50. मुहब्बत ना भी हो	50
51. अंजाम तू ही है	51
52. मरासिम*	52
53. वक्त है यार मेरा	53
54. खैर-मकदम* की महफिल	54
55. तन्हाई	55
56. खुशनुमा इश्क़	56
57. होली	57
58. जो काग़ज़ पे गुज़री	58
59. शिकायतें	59
60. जवाब-सवाल	60
61. सैलाब	61
62. जी का जजांल	62
63. सारे ग़म निचोड़ दूँ	63

64. इश्क करने का इल्ज़ाम 64
65. मेरी सांसें रहे या ना रहे 65
66. वो झूठा है 66
67. अजीब है ये ज़िन्दगी 67
68. सिर्फ इक तेरे इक़रार में 68
69. मेरे दिल का मंदिर 69
70. सर्द शामों की धुंध 70
71. एक नया जहाँ 71
72. मांझा टूट गया 72
73. चंचल नदी 73
74. नया दिन है 74
75. लावारिस मुहब्बत 75

1.

मेरे इश्क की कहानी

मुझ से ना पूछो मेरे इश्क की कहानी
मैं तो हंस के सुना दूँगा, तुम्हें रोना आ जाएगा

एक नहीं कई बार मैनें जताना चाहा मगर,
फिर सोचा कभी ना कभी, वो खुद ही समझ जाएगा

उसकी हर बात को जाना मैनें पत्थर की लकीर,
नहीं जानता था मेरी हर बात पे वो पानी फेर जाएगा

इस दिल के वो अनमोल सपने जो उसके संग देखे थे मैनें,
कभी महसूस ना होने दिया उसने, इन्हें तोड़ कर कहीं दूर चला जाएगा

ये आलम है कि कोई ख्वाब नहीं दिल में, कोई जुस्तजू* भी नहीं,
बस चलता हुआ ये मुसाफिर अब दुनिया से चला जाएगा

---

*तलाश

2.

यादें

जो वक्त साथ गुज़ारा मेरे,
संभाल कर उनकी यादें रखना
ये काम आएंगी तुम्हारे, जब हम
याद तो आएंगें पर लौट के ना आएंगें

इन झील सी आँखों को
अब उदास ना करना कभी,
इस नील समंदर के उफान में वरना
जहाँ के सब नक्श* डूब जाएंगें

तेरे चेहरे से रोशन हैं दिन और रात
इस पे कभी ग़म की बदली ना छाए,
नहीं तो आसमान में जो टांके थे
वो सितारे चमकना भूल जाएंगें

इन हाथों की बरक़त** से है
दुनिया में तमाम नेमतें*** रब की,
जो तुमने बांटना छोड़ दिया तो
तो सब किस्मत के मारे कहां जाएंगें

---

*निशान, **आशीर्वाद, *** वरदान

3.

ये रास्ते

दिल को कोई फायदा नहीं उन बातों से, जो हम उन से करते हैं,
और जो दिल में है हमारे, वो ज़बान पे ला नहीं सकते

उन्होनें फिर उसी दुनिया की ख़ातिर, इस दफ़ा छोड़ दिया मुझ को,
जिस दुनिया को उन की ख़ातिर, हम हर दफ़ा बिना शक़ो-शुबा छोड़ते

वजह पूछने तक का हमें, मौका नहीं दिया उन्होनें छोड़ते वक्त,
हम बस अजनबी होते चले गए, उनके लहजे बदलते बदलते

ज़बरदस्ती की नज़दीकियों से, सूकून की दूरियाँ अच्छी हैं
उम्र गुज़र जाएगी पूरी, दिल को यही समझते समझते

अब हमसे मिलो जब भी तुम, तो हाथ ना मिलाना हमसे,
तुम थामने की जुर्रत कर नहीं पाओगे, और हम से होगा नहीं कि यूँ हीं छोड़ दें

खुद को समझा तो लिया है कि तू नहीं है मेरा लेकिन,
मगर कैसे निकाल दें इस दिल से, कि ये रास्ते दूसरी तरफ नहीं खुलते

4.

इश्क़ का कर्ज़

तुम पर ये मेरा इश्क़ बरकरार रहना है,
बड़ा हसीन है ये कर्ज़, मुझे कर्ज़दार रहना है

बताया नहीं तुम्हें कभी, ना कभी इज़हार करना है
नहीं कोई सूरत पाने की तुम्हें, उम्र भर लेकिन तुम्हीं पे मरना है

ज़ुबाँ से ना कह पाएंगें पर, आँखों ही आँखों से ये कहना है
पढ़ लो अगर खुद ही इन्हें तुम, तो फिर हमें आँखों से भी क्या कहना है

हदें तो ना जाने कितनी तुम्हारे प्यार में हमें पार करना है
जो ना मुनासिब हो कह देना, अपनी अपनी हद में रहना है

तेरे ना चाहने पर भी हम तुझे याद करते हैं
और याद बन के तुम्हारे दिल में महकते रहना है

5.

ख़ूबसूरत मंज़र

इस बार हम ना मिले ना सही,
अगले जन्म में हमें ज़रूर मिल जाना
और अगर मिलना मुमकिन ना हो,
तो फिर हमें दुनिया में, ऐ खुदा, ना लाना

तेरे ख्वाब कम नहीं होते यहां,
मुश्किल है तेरी यादें संभालना
ना हमसे तेरी मुहब्बत कम हुई,
ना ख़ुदा ने चाहा, तुम से मिलाना

अंजाम तक पहुंचते पहुंचते
भूल जाते हैं हमेशा हम
कि कितना ख़ूबसूरत था मंज़र*
वो पहली दफ़ा हमारा नज़रें मिलाना

---

*नज़ारा

6.

खैरियत

पूछा किसी ने जो अब तो कह दूंगा, हाँ मुहब्बत है उससे
मगर मैं शायद उसके काबिल नहीं हूँ

सिर्फ माँगने से नहीं मिलता जिसे दिल चाहता है
खुद करीब लाता है ख़ुदा उसे, जो दे दिल को सूकून

कहने को इतना कुछ है कि आँखों से छलक जाएं
बेहतर यही है मगर कि कुछ ना कहूँ

पास आ के वो पूछें हाल तो चाक़े-दिल* दिखा दें,
दूर से तो "सब खैरियत"** के अलावा और क्या कहूँ

दूरियाँ हो गई हैं हमारे बीच मगर फिर भी, लाज़िमी*** है कि
तेरे हिस्से का वक्त मैं अब भी तन्हा ही गुज़ारूँ

प्यास तो बुझेगी पानी से ही मैं शराब का क्या करूं
तुम्हारी कमी है, तुम से ही पूरी होगी,
मैं इस जहाँ में किसी और का क्या करूँ।

---

*दिल के घाव, **सब ठीक, ***ज़रूरी

7.

कीमत मेरे प्यार की

इस दिल को अब कोई और ना भाएगा,
तुम्हारे सिवा किसी और से प्यार कैसे हो जाएगा
चाहे हज़ार बार तुम दुखाओ इस दिल को
दर्द में भी ज़ुबां पे सिर्फ तुम्हारा ही नाम आएगा

हम नहीं कहेंगें हम से मुहब्बत करो,
जो होगी शिद्दत* मेरे इश्क में तो वो खुद करवाएगा

तेरी तल्खी** जो कत्ल कर रही हैं ख्वाब मेरे,
उनकी सज़ा भी मेरा बेकसूर दिल ही पाएगा

कसूरवार तो हूँ वैसे, तुमसे प्यार जो कर बैठा,
ज़माना तो कब से तैयार है, देखना कितना तड़पाएगा

कभी तो समझोगे कीमत मेरे प्यार की,
तब जाके कहीं, तुम्हारा दिल भी पछताएगा

कब, कहां और कैसे मिलोगे मुझ से,
मैं कहां खो गया, कोई ना जान पाएगा

---

*ताकत, **गुस्सा

8.

दिल की बात

आखिर क्यों इस क़दर ज़ुल्म वो मुझ पे करते हैं
दिल में बसे हैं लेकिन, दिल की बात नहीं समझते

रात भर ना बारिश थमी हमारी, आँखों में भी थी नींद की कमी
जो हम सो भी जाते तो, आके ख़्वाबों में, वो हमें परेशान करते

जब भी कुछ कहना चाहा उनको, तो ये सोच कर रूक गये
हमारी मासूम ख्वाहिशों को कहीं वो बेवजह ना करार कर दें

हमारा सफ़र तो उनकी ही राह में है, वो ही मंज़िल हैं और हमराही भी
मुश्किलें तमाम आएं जाएं, हम वो मुसाफिर हैं जो कभी नहीं थकते

9.

जान के दुश्मन

उनके सोने के बाद ही मुझे नींद आती है,
और वो मुझे हर बार रूला कर ही सोते हैं

ग़ैरों को कहाँ मालूम मेरे ज़ख़्मों का पता,
ये तो किसी अपने के ही सदक़े* होते हैं

जिसके भरोसे पे खुद को ज़िंदा रखा हमने,
ऐसे दग़ाबाज़ ही जान के दुश्मन होते हैं

ना जाने फिर भी क्यों इतनी मुहब्बत है
तुम से लड़ कर हम खुद से ख़फ़ा होते हैं

---

*प्रसाद

10.

इश्क़ की तलब

ना किसी को परवाह मेरी, ना किसी की जान हूँ मैं
हर एक के सर का दर्द, और दिल का बोझ बन रहा हूँ मैं

यूँ तो एक आवाज़ दे कर, पास बुला लूँ तुमको मगर
आज कल खामोशी को, आज़मा कर देख रहा हूँ मैं

कुछ दिल की, कुछ अहसास की, बातें करनी हैं तुमसे मैंनें
गुफ्तग़ू* लंबी होगी हमारी, क्यों ख़्वाबों के बाहर तुम्हें नहीं मिल सकता मैं

किस्मत में नहीं है शायद, हमारा एक हो जाना वैसे,
तलब** इतनी है तुम्हारी के, तुम को साँसों में समा लूँ मैं

---

*बातचीत, **प्यास

11.

खण्डर

सब मसरूफ़* हैं अपने जहाँ में, कोई मुझ से मिलना नहीं चाहता
बातें सब खत्म सी हो गयी हैं, कोई भी मुझ से कुछ कहना नहीं चाहता

खून बिल्कुल जम सा गया है जिस्म में,
ज़ख्मों से अब ये भी बहना नहीं चाहता

दर्द भी परेशान हो गया है मुझे होते होते,
और मैं भी उसे अब सहना नहीं चाहता

क्या मुझ से कोई बू आने लगी है
क्यूँ मेरे पास अब कोई बैठना नहीं चाहता

दिल इस कदर भर गया है दुनिया से
एक पल को भी मैं यहाँ ठहरना नहीं चाहता

---

*व्यस्त

12.

जताना छोड़ दिया

सोचता अब भी हूँ तेरे बारे में, बस तुझे बताना छोड़ दिया
हर शाम अब भी गुज़रती है फिक्र में तेरी, बस मैनें तुझको ये जताना छोड़ दिया

चाहता हूँ और पाना भी है तुझे, एक झलक पाने को अब भी तरसता हूँ
लेकिन अब मैनें तेरे पीछे आना और तुझे दुआ में माँगना छोड़ दिया

वो बाग, वो सड़क, वो गली, वो खण्डहर, जहाँ किया था इंतज़ार कभी ना कभी तेरा,
मैनें इस शहर का वो हर एक ठिकाना छोड़ दिया

सच कहा था तुमने कि तुम मुझे ख्वाबों में ही मिलोगी
मैनें भी ऐसे बेमतलब से ख्वाब सजाना छोड़ दिया

तुम्हें देख रकीब संग, ये सोच कर बेहिसाब रोया,
मैनें भी किस क़ाफिर की ख़ातिर ये ख़ज़ाना छोड़ दिया

इस कम्बख्त दिल की अब एक मैं सुनता नहीं
इसने भी तो मुझे बना के दिवाना, छोड़ दिया

13.

जीना क्यूँ है

हाँ प्यार तो करता हूँ, पर बताना क्यूँ है
मुहब्बत कोई किस्सा थोड़े है, सुनाना क्यूँ है
हाथ थाम के चलता हूँ तुम्हारा भरी सड़क पर
ख्याल रखना है तुम्हारा, जताना क्यूँ है

जब हम मिलें, वक्त गुज़रने का अहसास ना हो
घड़ी का क्या काम, वक्त देखना क्यूँ है

हमारे दिलो दिमाग पे तुम छाए हुए हो
तुम्हारे अलावा कुछ और सोचना क्यूँ है

तेरे दिल में जो मिल जाए सज़ा-ए-उम्र क़ैद,
फिर वकील किसलिए, हमें छूटना क्यूँ है

और जो तुम हो गये बेपरवाह हमसे तो
फिर ज़िंदगी कुछ नहीं, हमें जीना क्यूँ है

14.

तमन्ना

ये जो हमें पागल, दिवाना कहते हैं,
ये क्या जाने, सहने वाले कितना सहते हैं
तकलीफों से थक हार कर ही अब,
इन आँखों से ये आँसू बहते हैं

बात ये नहीं है कि मुझ से
कोई बात नहीं करता,
बात ये है, हम तेरे अलावा किसी और से
बात नहीं करते हैं,

तुम जो चाहो वो करो और
हम इक भूल भी नहीं कर सकते हैं,
तुम अपना जिस्म भी दे दो किसी को,
और हम तुम्हें इक फूल भी दे नहीं सकते हैं

काश हमारे बीच ये मजबूरी ना होती,
ये अफसोस हम हमेशा करते हैं
पूरी ना होगी कभी, यह अलग बात है,
तुम्हें पाने की तमन्ना तो हम फिर भी रखते हैं

15.

उम्मीद

हम भी इस दुनिया में बस कमाल करते हैं
उम्मीद रखी इंसानों से, और खुदा से शिक़वा करते हैं

ग़म बहुत हैं पर अब कोई फायदा नहीं
ना अब हम रोते हैं, ना कोई तमाशा करते हैं

मेरी हालत देख के जान लेते हैं लोग,
इतनी सादगी से तो अपने ही तबाह करते हैं

खुदकुशी की भी अब हिम्मत नहीं है बस
इसलिए किसी हादसे का इंतज़ार करते हैं

16.

इश्क का ख़ज़ाना

ख़्वाबों को दिल में सजाने की आदत छोड़ दी
हर वक्त मुस्कुराने की आदत छोड़ दी

ये सोच कर कि अब कोई ना आएगा मनाने हमें
हमने ये रूठने की आदत छोड़ दी

हमें तो हमेशा रहेगा इंतज़ार उनका
बस "कब आओगे?" पूछने की आदत छोड़ दी

इश्क का खज़ाना मेरा लुटा दिया तुम पर
अब मैनें ये लुटाने की आदत छोड़ दी

17.

ये अधूरा इश्क

वक्त जितना भी मिला, कम था तेरे संग गुज़ारने के लिए
एक और जन्म लूँगा ये अधूरा इश्क, पूरा पाने के लिए

तुम्हारे लिए तो मैं जान भी दे सकता था
और तुमने कहा भी तो बस, तुम्हे छोड़ के जाने के लिए

सब कुछ तो पा लिया मैनें तुमसे इश्क कर के,
दुनिया में बस तुम रह गये हो अब, पाने के लिए

भीग जाती हैं पलकें महफिल में तेरा नाम आते ही,
नहीं आती हमें कोई तरकीब तेरा नाम भुलाने के लिए

सफ़र कल भी था, सफ़र आज भी है
तन्हा कल भी थे, तन्हा आज भी हैं
अब ना उम्मीद है हमसफ़र की, साथ चलने के लिए,
और ना ख्वाहिशों की मंज़िलें हैं पाने के लिए

18.

तुम्हें पाया ही नहीं

डर ये रहा मुझे हमेशा, कहीं खो ना दूँ तुम्हें
मालूम हुआ अब कि तुम्हें पाया ही नहीं

अब आया समझ कि हँसते रहो तो दुनिया देखेगी और हँसेगी भी
रोने वालों के आँसू पोछने तक कोई आया ही नहीं

माना तुम चले गये, ये तुम्हारा फैसला था
पर मुहब्बत को बीच में छोड़ना हमें किसी ने सिखाया ही नहीं

तुम्हारे दिल में कोई और था, हमें उस से भी ग़िला नहीं
हम हट जाते रास्ते से, मगर तुमने बताया ही नहीं

तन्हाई का आलम और खुशमिजाज़ हम,
इस से उम्दा* ख़ुदा ने कुछ बनाया ही नहीं

---

*अच्छा

19.

दिल के सवाल

तुम से ही रोज़ करते हैं हम तुम्हारी ही बातें,
आप नाटक करते हैं या सचमुच समझ नहीं पाते हैं

हमारी नम आँखों की बेचैनी में छुपे,
इस दिल के सवाल पढ़े क्यूँ नहीं जाते हैं

तुम्हारी छूने भर से पूरे बदन सिहर जाता,
ना कुछ सुन पाते ना कुछ कह पाते हैं

सुर्ख गाल, कांपते होंठ, लड़खड़ाती ज़ुबाँ,
ये सब तुम्हें बताना ही चाहते हैं

इज़हार करना है तुमसे इश्क का,
बस यही एक काम हम नहीं कर पाते हैं

20.

थोड़ा सा धुँआ रह गया

कोई किसी में रह गया, कोई किसी में बह गया
किसी को बिन मांगे मिल गया सब कुछ,
और कोई बस मांगता रह गया

अपना सब कुछ झोंक दिया मैनें अपने हर रिश्ते में,
फिर भी ना जाने क्यूँ, मेरा हर रिश्ता ढह गया

शायद इसी में है खुशी उन सब की इसलिए,
जिन्हें मैं चाहता हूँ, उनके दिए सारे दर्द सह गया

कुछ लम्हें उनके वक्त से, कुछ देर का साथ ही चाहा था,
औकात नहीं थी मेरी, शायद मैं कुछ ज़्यादा ही कह गया

खाक़ हो चुका हूँ उनकी बेरूख़ी से, रूह भी जल चुकी है,
बस अब ये राख बची है और, थोड़ा सा धुँआ रह गया

21.

रंजो-ग़म से दोस्ती

आज तन्हा बैठा तो कुछ आँसू
साथ वक्त गुज़ारने आ गये थे
बाकी सब यार दोस्त मेरे, एक अरसे से
मुझे याद करने से कतरा रहे थे

दिल भी कई दिन से बोझिल था,
उसकी धड़कनों में भी फासले आ गये थे

रंजो-ग़म से दोस्ती इस कदर बढ़ गई मेरी,
वो रात-बेरात, बिना इत्तला* दिए आ रहे थे

तारे भी एक जगह नहीं टिक रहे आजकल,
शायद हमारे जाम के नशे में वो भी झूमे जा रहे थे

अब भी वक्त है, मिल लो आके हमसे ऐ मेरे हबीब,
कहीं ऐसा ना हो, उन हाथों में जान ना हो,
जो आप मिलाने आ रहे थे

---

*ख़बर

22.

बस मर ही गया मैं

तकिये पे मुँह रख कर आज पूरा दिन रोया मैं
सोचा रो-रो के थक कर नींद आ जाएगी, पर एक पल भी ना सोया मैं

हर पल अकेलेपन का मार रहा था जैसे तलवार से मुझे,
ना जाने कितने टुकड़ों में आज बँट गया मैं

जानता हूँ कोई नहीं जो मेरे साथ हो,
एक प्यार भरे अहसास के लिए भी तरस गया मैं

दिन निकल गया तन्हा किसी तरह जद्दो-जहद में
रात अकेले गुज़ारने के ख्याल से तो मानो बस मर ही गया मैं

23.

तुम्हें नहीं देखा

जो लोग, चाँद को, फूलों को बहारों को खूबसूरत कहते हैं
उन्होनें शायद तुम्हें मुस्कुराते हुए नहीं देखा

जिसने इस चेहरे का नूर नहीं देखा, वो अन्धा ही होगा,
उसने दुनिया में कुछ नहीं देखा

आँखें जिनमें हज़ार सितारों से ज़्यादा चमक है,
इन्होनें कभी कोई अधूरा ख्वाब नहीं देखा

इन गुलाबी गालों को छूने से परहेज़ रखना,
इनके जैसी मासूमियत, ना सुना कभी, ना कहीं देखा

इन ज़ुल्फ़ों के तले मुसाफिर अपनी थकान भूल जाते हैं,
मंज़िल मिल गई फिर जैसे उन्हें, कहीं और जाते नहीं देखा

संगमरमर की इक चलती फिरती मूरत हैं तुम,
फिर भी कोई ग़ुरूर नहीं, कभी तुम्हें इस हुस्न पर इतराते नहीं देखा

24.

इश्क कहो या पागलपन

जो भी है, जितना भी है,
तुमसे ही है, बस यह काफ़ी है
तुम इश्क कहो या पागलपन मेरा,
ये दिल हर हाल में राज़ी है

मुहब्बत तो मुकम्मल* की है मैनें
हाँ, अधूरी सी ये कहानी बाक़ी है

और कोई नहीं जिसे अपना कहूँ मैं,
तुमसे ही मेरा हर दिन ईद, मेरी हर रात दिवाली है

आ के बस जाओ मेरे दिल में तुम,
बहुत जगह है, इस मकान का हर कमरा खाली है

---

*पूरा

25.

मुहब्बत की तुरपाइयाँ

मुहब्बत की तुरपाइयों की नज़ाकत तो देखिए,
एक धागा क्या छेड़ा, सारे ज़ख़्म खुल गये

सारी चाहतें, सारे वादे और इरादे जो थे,
एक ही गलती से वो सारे धुल गये

ख़ता हमसे ये हुई कि मुहब्बत बेइंतेहा की,
बयां ना कर सके बस, लफ्ज़ ना जाने कहां घुल गये

हर चीज़ को छुपा लिया था मैनें
चाह, दर्द, शिकन, मायूसी
दो आँसू क्या टपके, सारे राज़ खुल गये

26.

मेरा दिल तोड़ कर रोए

वो रोए तो बहुत, लेकिन मुँह मोड़ कर रोए
कुछ तो होगी मजबूरी, जो मेरा दिल तोड़ कर रोए

मेरी तस्वीर के मेरे सामने कर दिए टुकड़े,
सुना है, मेरे जाने के बाद, उसे जोड़ते हुए रोए

इस कदर उनमें समाए थे हम क्या बताएँ
वो तो रोए, उनके साथ उनके आँसू भी रोए

वो हमें भूल भी जाएंगें हमको तो भी ग़म नहीं,
हम जीते रहेंगें, उनका नाम अपनी साँसों में पिरोए

ना और कोई आरज़ू है, ना अब कोई तमन्ना,
सफ़र में चलते चले जाना है, पलकों को भिगोए

27.

इश्क बेहिसाब है

पुराने हो कर भी कुछ रिश्ते ख़ास होते जा रहे हैं
इश्क बेहिसाब है तुमसे, बेशर्मों सा बस किए जा रहे हैं

कतरा कतरा जो जोड़ी हैं चाहतें, सब तुम पे लुटाए जा रहे हैं
कि ज़िंदगी तुम्हारे पास गिरवी रख के मुस्कुराए जा रहे हैं

इंतज़ार उसका जो मिलेगा नहीं और जो हासिल है उस से इंकार है
अजीब कश्मकश है, जिसे फिक्र नहीं, उस से आस लगाए जा रहे हैं

हम याद तुम्हें आएंगे तो ज़रूर इक दिन, बस ये सोच कर ही
हम अपने सब्र को टहलाए जा रहे हैं

इस मुहब्बत को कुछ ऐसे निभा रहे हैं हम
तक़दीर में नहीं है वो, फिर भी बेपनाह उसे चाहे जा रहे है

28.

ये ज़ख्म जो मेरे हैं

वो ही समझेगें मेरे अल्फ़ाज़*,
जिन्होंने दर्द झेले हैं
बाकी तो बस पढ़ेंगे
जो शेर हमने लिखे हैं

हाँ एहसासों की लहरों को
चूमा है हमने
लेकिन ना निकाह पढ़ा,
ना फेरे लिए हैं

उफ्फ ये मेरी ख्वाहिश कि
कोई देखने वाला तो हो
और डर ये कि कोई देख ना ले
ये ज़ख्म जो मेरे हैं

अब कमियाँ हैं हम में
तो रहने दो ऐसे ही,
हम कौन सा
खुदा बनने निकले हैं

---

*अक्षर

29.

आता है गुस्सा खुद पे

आता है गुस्सा खुद पे ये सोच कर
कि प्यार हम करें, इंतजार हम करें
जताएं भी हम और रोएं भी हम ही

ये कैसे मोड़ पे ले आया है इश्क मेरा कि
दूर ना जा सकें, पास ना रह सकें
कहें भी हम और सहें भी हम ही

क्या गुज़रती है दिल पे तुम क्या जानो
लफ़्ज़ भी कम नहीं आते
तड़पाओ तुम इसे और इसे संभालें हम ही

बुरा हमें भी लगता है बस जताते नहीं
बेरूखी सह नहीं पाते हैं,
एहसास तुम्हें लेकिन, होने नहीं देते हम हीं

30.

मर गया मैं कब का

ख़ामोश हूँ, जज़्बातों को अपने ही अंदर दबा रखा है
ख्वाहिशें खत्म हो चुकी हैं, उन्हें अर्थी पे सजा रखा है

ना ख्वाब, ना आरज़ू, ना अरमान है जीने का
मर गया मैं कब का, बस साँसों का सिलसिला चला रखा है

किसी को मालूम नहीं, कहां, किस हाल में हूँ मैं
मेरे अज़ीज़ों ने, मेरे अलावा सबका ख्याल रखा है

शुक्र है मेरी हालत पे तरस तो खाते हैं सभी,
सब ने शायद मुझे टूटा हुआ तारा मान रखा है

किसी को फर्क नहीं पड़ता अब मेरी खुशियों से, मेरे ग़मों से
सबने मुझसे अपना अपना काम निकाल रखा है

31.

हिसाब बराबर

चलो अच्छा है, हिसाब बराबर हुआ
हमारे पास तुम नहीं, तुम्हारे पास हम नहीं

लेकिन वक़्त तो लगता है
जो जल्द ठीक हो जाए, वो मर्ज़े-इश्क़ नहीं

मैं जैसे पहले था अब वैसा रहा नहीं
हुआ भी तो मेरे साथ वो, जो पहले कभी हुआ नहीं

जो सबसे पहले थे कभी,
अब वो सबके बाद भी, हमारे लिए ख़ास नहीं

भूला नहीं उनको अब तक,
पर उनकी याद में, अब वो बात नहीं

अब खाली खाली राहों पे
भरा भरा सा दिल लिए, सपनों में दौड़ता नहीं

भूलने का हुनर भी आसान कहाँ
वरना यूँ रातों को मैं, उठ उठ कर रोता नहीं

32.

खिलौना, मज़ाक, तमाशा

इज़हार, इक़रार, फिर प्यार
हम करते रहे, वो जताते रहे।

फूल, तोहफे, वक्त
वो लेते रहे, हम देते दिलाते रहे।

फिर मुहब्बत की तिजारत, दग़ा, मुकरना
हम सीखते रहे, वो सिखाते रहे।

खिलौना, मज़ाक, तमाशा
हम बनते रहे, वो बनाते रहे।

33.

ज़िंदगी भर

हज़ारों बातें दफ्न हैं दिल में लेकिन
अब किसी से बात ना करेंगें ज़िन्दगी भर

अपनी आदत लगा के छोड़ दिया
ना जाने कितने दिल बर्बाद वो करेंगे ज़िंदगी भर

ऐसे पेश आते हैं मुझ से वो
बातें नहीं मुझ पे एहसान करेंगें ज़िंदगी भर

अपनी फुर्सत में ही याद किया हमें
वो हमें फिज़ूल ही समझेंगें ज़िंदगी भर

लौट आएंगें वापस मेरे पास वो
क्या ज़माने को आज़माएंगें ज़िंदगी भर

चार दिन का इश्क था हमारा ज़िंदगी में
ये चार दिन हमें अब सताएंगें ज़िन्दगी भर

34.

सफर

जिस जगह से शुरू किया था सफर
आज वापस उसी मुकाम पर आ गये
जो गुनाह किये ही नहीं हमने
उनकी भी सज़ा, बेवजह हम पा गये

दिल में उन्हें बसाना ही तो चाहा था हमने
बस इस बात पे वो ना जाने क्यूँ घबरा गये

हम समझे थे उनकी बेवफाई को मज़ाक
उनकी मासूम सूरत से हम धोखा खा गये

वो छोड़ गये हमें उसी दुनिया के लिए
जिसे हम उनके लिए छोड़ कर आ गये

अब तो कोई नहीं जो पूछे किसी से
हम कहाँ से आए थे, अब हम कहाँ गये

35.

अधूरे ख्वाब

वो अब भी मेरी मुहब्बत को नहीं समझता
मेरे दिन को दिन, रात को रात नहीं समझता

जानते हुए कि वो मेरा नहीं, उसे चाहते रहना
दिखावा लगा उसे, वो मेरा हुनर नहीं समझता

तबियत खराब रहती है मेरी, उसकी झूठी कसमों से
पता नहीं क्यूँ वो ये बात नहीं समझता

अधूरे ख्वाबों की टूटी तस्वीरें मेरी कहानी बयां करती हैं मगर
ज़माना मज़ाक बनाता है, मज़मून* नहीं समझता

---

*मतलब

36.

तब भी तुमको चाहता रहूँगा

माना तुम्हारी चाहत कोई और है, मगर तब भी तुमको चाहता रहूँगा
तुम्हारी मुझ से बेरूखी नाजायज़ भी हो, मैं तब भी तुमको चाहता रहूँगा

तुम्हें किसी और की बाहों में देख कर, तकलीफ तो होती है मगर सह लूंगा,
और तब भी तुमको चाहता रहूँगा

नामालूम की तुम समझे नहीं या, समझना चाहते नहीं मेरे इश्क को
मेरा क्या, मैं तब भी तुमको चाहता रहूँगा

कई बार आया मन में पूछ लूँ तुम से, क्या फैसला सोचा तुमने मेरे लिए
जो भी हो, मैं तब भी तुमको चाहता रहूँगा

जब आज़मा लो दुनिया को और, ना मिले कोई तुम्हें चाहने वाला तो आ जाना
क्यूं कि मैं तब भी तुमको चाहता रहूँगा

37.

मुझे तोड़ दिया

मेरा ख्याल तब भी ना आया उन्हें,
जब उनके हबीब* ने दिल उनका तोड़ दिया
हर एक के गले लग के रोए वो
बस मुझे उस कतार में अकेला छोड़ दिया

एक मैं ही हूँ जो उनका दर्द समझ सका
बाकी सब ने उनका मज़ाक बना के छोड़ दिया

उनकी बेरूखी तो बर्दाश्त कर ली थी,
पर इस नज़र अंदाज़ी ने मुझे बस निचोड़ दिया

अब और नहीं सह पाऊँगा उनकी मुरव्वत**,
उन के रवैए ने इस हद तक मुझे तोड़ दिया

---

*प्रेमी, **लिहाज़

38.

बेमतलब मुहब्बत

बड़ा सूकून है इस मुहब्बत में
जो हम तुमसे बेमतलब कर रहे हैं
ये बात और है कि कोई पूछे हमसे
तो हम बेसाख़्ता* ही मुकर रहे हैं

मंज़िल, अंजाम कुछ पता नहीं फिर भी
ना जाने क्यूँ हम इन रास्तों से गुज़र रहे हैं

लहरों सी आती हैं याद बातें तुम्हारी
कभी हम डूब रहे हैं, कभी हम उबर रहे हैं

एक एक चोट जो तेरे इश्क में लगी हमें
उन से बिखर कर भी हम सँवर रहे हैं

तेरी बेरूखी का कोई फर्क पड़ता नहीं है
पहले भी करते थे मुहब्बत अब भी कर रहे हैं

---

*एकाएक

39.

कोई सपना ना था

अच्छा हुआ तुमने भी, मेरा साथ देने से इंकार कर दिया
ज़िन्दगी के सफर पे वैसे भी, मेरा कोई अपना ना था

अश्कों का दरिया भी सूख जाएगा बहते बहते
आँखों में मेरी भी अब, कोई सपना ना था

खुद ही मुँह मोड़ लिया तुमसे, तुम्हारा ही ख्याल कर के
तुम्हें खुश रखना था, तुम्हारे सामने तड़पना ना था

दिल में खिले थे जो अरमानों के फूल मुरझा गये
अच्छा हुआ, वरना कुचले जाते, इन्हें यहां पनपना ना था

कदम खुद ब खुद बढ़ने लगे मंज़िल ढूढंने दूर उनकी बस्ती से
अब उनके आस पास भी हमें कहीं बसना ना था

40.

जोशे-जवानी

जोशे-जवानी का अंदाज़ा उम्र से नहीं दिल से करिए
और जब भी पूछे कोई तो पाँच दस साल कम ही रखिए

उम्र तो बढ़ेगी ही, आप के हाथ ना आएगी
आप तो बस अपनी जवानी को थाम के रखिए

फीके रंगों से परहेज़ ही मुनासिब* है
फिर चाहे कपड़े हों या बाल, रंगों से लबरेज़** ही रखिए

इश्क कभी आशिक की उम्र देख कर नहीं होता
आ जाए कोई पसंद तो इज़हार बेझिझक करिए

आज हर कोई प्यार का भूखा है इस जहाँ में
और प्यार मिले किसी तजुर्बेकार से तो क्या कहिए

दिल बड़ा रखेंगे तो फायदे में रहेंगे दोस्त मेरे
वरना इस गज़ल को नज़र अंदाज़ कीजिए और आगे बढ़िए

---

*ठीक, **भरपूर

41.

बरकरार था, बरकरार है

दिल जो टूटा है मेरा, गलती मेरी ही है
मैं उस से मुहब्बत करू, ऐसा उसने कब कहा है

लेकिन उसे खबर तक ना होने दी,
किस हद तक हम उसके इश्क में तबाह है

उसके दर्द को सीने से निकाल भी नहीं सकता
उस दर्द के बिना जीना सीखा कहाँ है

रो लेता हूँ अकेले में बैठकर दिल हलका फिर भी नहीं होता
ना जाने क्यूँ हर बात पे, नाराज़ ये कमबख्त यहाँ है

ना मुहब्बत, ना यादें, ना साथ, ना बातें
इतनी सी भी खुशी का ना यहाँ नामो निशां है

फिर भी उनसे इश्क में कमी नहीं है कोई,
उनकी चाहत का एहसास बरकरार था बरकरार है

42.

उम्र

मन तो बहुत करता है, तुझ से बातें करने का
लेकिन डरता हूँ कहीं, तुझे बुरा ना लग जाए

नहीं देखता मैं तुझे छुप छुप कर भी अब
सोई हुई हैं जो दिल में, वो उम्मीदें ना जग जाए

यही दुआ है रब से, बस और कुछ माँगता नहीं
बुला ले मुझे अब, मेरी बाकी उम्र तुझे लग जाए

43.

आसान है मरना

आसान है बहुत ये मेरे लिए, मैं ये कर भी सकता हूँ
तुम तो रोए भी नहीं कभी मेरे लिए, और मैं तुम्हारे लिए मर भी सकता हूँ

तुमने बातें करना कम कर दिया, लेकिन तुम भूल गये
मैं शब्दों का मोहताज नहीं, मैं चेहरे पढ़ भी सकता हूँ

तुम्हारी आँखों की उदासी दिखती है मुझको,
तुमने वजह बताई नहीं, मैं समझ फिर भी सकता हूँ

जिसने भी तोड़ा है दिल तुम्हारा, उसे चैन ना मिले कभी,
तुम यकीन मानो, मैं ये कर भी सकता हूँ

तुम हो जाओ पहले जैसी, खुशमिजाज़, खुशदिल
मैं आखरी साँस तक ये दुआ भी करता हूँ

44.

शुरूआत तुम से हो

एहसास, वादा, रिश्ता,
ज़िंदगी, इबादत, जन्नत
मुझे ये सब मिल जाए अगर
तुम्हें मुहब्बत हम से हो

रंग, हवा, बारिश,
तपन, ठंडक, सुर्खी
इन सब में भरी बस
लज़्ज़त* तुम से हो

दिल बेकरार है कब से
तुम से बात करने को
ज़िद मगर ये है कि अब
शुरूआत तुम से हो

---

*स्वाद

45.

झूठी आस

बातें हमारी शायद खत्म हो गई
औरों से तो वो अब भी बतियाते हैं
बस हमें ही नहीं देख पाती आँखें उनकी,
हमारे अलावा उन्हें सब नज़र आते हैं

उनसे जो है एक खास रिश्ता
वो किन लफ़्ज़ों में बयां करे,
टूट गया है वो भी शायद,
जिसे हम अभी भी निभाते हैं

ज़ाहिर नहीं किया है अब तक,
कि दिल पे हमारे, उनका इख्तियार है
उनका ही तो है ये राज़,
और हम उन्हीं से छिपाते हैं

आज भी उनकी एक झलक पाने को
उनकी राह में रोज़ हाज़िरी लगाते हैं
वो कभी तो देख लेंगें प्यार से हमारी ओर,
इसी झूठी आस में अब ज़िंदगी गुज़ारते हैं

46.

ओझिल मंज़िलें हैं

हमें भूलने में तुझे ज्यादा वक्त ना लगा,
नए दोस्त शायद, बहुत अच्छे मिले हैं
बगीचे की रंगत भी बदल गयी अब,
नयी बहार है, नए फूल खिले हैं

बात ही नहीं होती अब उनसे,
शिकवा शिकायत का क्या करेंगें
वरना तो इस दिल ने हमारे
उनसे करने हज़ारों ग़िले हैं

उन से दूर हो कर अब
तन्हाई ज़्यादा रास आती है
भले हमारी तलाश में अब
शहर की तमाम महफिलें हैं

अब सफर में गुज़ारनी हैं
हमें अब बची हुई रातें जो भी हैं
ना साथ कोई हमसफर हैं और
आँखों से ओझिल मंज़िलें हैं

47.

अब आज़ाद होना है

जा चुके हो तुम बहुत दूर मुझसे,
मुझे भी अब आज़ाद होना है
जिन को सजा रखा था ज़हन में अब तक
तुम्हारे साथ बीते उन लम्हों को खोना है

दिल का खालीपन बहुत हुआ अब
अब नये ख्वाबों को इन में संजोना है

अब कभी ना मन मेरा उदास होगा,
इस धागे में नयी खुशियों को पिरोना है

इतना आसान नहीं होगा, मालूम है मुझे
पर इन घावों को अपनी नयी उमंगों से धोना है

48.

मेरा वहम

मेरे दिल को अब भी लगता है, मैं कभी उनके लिये अहम था
उनके अंदाज-ए-बयां बताते हैं, ये तो बस मेरा वहम था

जब उनका मन किया बहला लिया, जब ना हुआ तो दुत्कार दिया
मै कब हंस दूं, कब रोऊँ, ये उनका ही रहमो-करम था

मैं करता रहूंगा मुहब्बत उनसे, ज़माना लाख तंज़ कसे मुझ पे
और छोड़ये ज़माने को साहब, यहाँ तो हर एक अपना, बेरहम था

उनके किस्से बेवफाई के सुनाएगें मुझे दुनिया वाले
छिड़केगें नमक मेरे ज़ख़्मों पर, कह कर कि ये तो मरहम था

इन ज़ख्मों की आंच से बच ना पाता कोई बशर,
हम तो उन्हें देख कर जी गये, ये भी शायद उनका ही करम था

49.

महफिल की जान

उनकी आँखें में देखा तो लगा
जैसे सारी कायनात उनमें समाई है
और ज़ुल्फों का किस्सा क्या बयां करूँ
सावन की बदलियाँ यूँ घिर आई हैं

हवा के दम पर उनकी ज़ुल्फें कुछ यूँ
करती हैं अठखेलियाँ उनके चेहरे पे
जैसे एक आवारा सी बदली ने चाँद को
अपने आग़ोश में लेने की कसम खाई है

चौदहवीं के चाँद सा दमकता है
वो चेहरा, और उस पे वो तिल, हाय
मेरे दिल पे गिराता है बिजली हर रोज़
तौबा क्या कयामत इस मासूम पे ढाई है

उनकी चाल से है हवा में रवानी
उनकी हँसी से बागों में बहार आती है
वो ना हो तो सारी दुनिया विरान है
उनकी मौजूदगी से हर महफिल में जान आयी है

50.

मुहब्बत ना भी हो

बस तेरा एहसास काफी है
तेरी मौजूदगी ज़िन्दगी में ना भी हो,
तेरा मुझे देख कर मुस्कुराना काफी है
तुझे मुझ से मुहब्बत ना भी हो

हम ज़ख्म सह लेंगें ज़माने के
हर दर्द करे लेगें बरदाश्त मगर
शर्त ये है कि हाल पूछने आओ तुम
भले तुम्हारे पास दवा ना भी हो

तेरी छुअन से अब तक अन्जान हूँ मैं
तुझको सासों में लेकिन महसूस किया है
तुम हर पल रहते हो मेरे ख्यालो में
तुम्हें चाहे मेरा ख्याल ना भी हो

मैं तुमको भी ना कभी बताउँगा
कितनी मुहब्बत है इस दिल में
बस ये शिद्दत हमेशा कायम रहेगी
तुम्हें चाहे इस पर यकीन ना भी हो

51.

अंजाम तू ही है

जो मेरे सर चढ़ कर बोलता है
तेरी ज़ुल्फों की खुश्बू का नशा वही है
जो तुझे एक बार देख के भूल जाये
ऐसा कोई शख़्स जहाँ में नहीं है

मैं जो सच भी कहता हूँ वो भले ही
सब झूठ लगता है तुझ को लेकिन
जो तू झूठ भी बोले तो कसम से
दुनिया में मेरे लिए सच बस वही है

दुनिया भर से यूँ तो बातें होती हैं
बस याद नहीं रखता कुछ भी मैं
लेकिन दिलो-दिमाग पे छप जाती हैं
वो तमाम गुफ्तगू जो तुझसे हुई हैं

दौलत शोहरत, रिश्ते नाते, प्यार मुहब्बत,
मेरी ज़िंदगी में सब कुछ तुझ से है
बाख़ुदा मेरा आग़ाज़* तुम ही थे और
जो लिखा है मेरा, वो अंजाम भी तू ही है

---

*शुरुआत

52.

मरासिम*

तेरे लफ़्ज़ों से रौनक मेरे दिनों में है
ख्यालों से तेरे, मेरी रातें चमकती हैं
जिन सासों को तेरी खूश्बू नसीब हो
वो फिर ताउम्र मेरे सीने में महकती हैं

तुझे एक झलक भी देख लूँ
तो दिल में ठंडक मिल जाती है
तेरे दीदार के बिना धड़कनें मेरी
बन के अंगारे, मेरे अंदर दहकती हैं

तेरी आँखों के पैमानों से मरासिम* है ऐसा
बिन कहे हर आरज़ू समझती हैं
मैं नहीं रोक पाता इन उमंगों को
तुम्हें देखते ही बेखौफ़ ये बहकती हैं

---

*रिश्ता

53.

वक्त है यार मेरा

मैं सोचता था वक्त है यार मेरा लेकिन
उसकी चालबाज़ियाँ मैं नहीं समझ पाया
शातिर था वो, खेलता रहा मेरे साथ
और मैं खेल खेल में ये कहाँ निकल आया

मैं तो मानता था सबको अपना
ये अपनापन ही मेरी जान पे बन आया

हर किसी से कह देता था मैं दिल की बातें
इसी कमी का दुनिया ने हमेशा फायदा उठाया

सहा हर ग़म मैनें हँस के, खुशी की तलाश में
पर हर बार मैं खाली हाथ ही लौट आया

बहुत शौक़ था दूसरों को खुश रखने का
होश तब आया, जब खुद को अकेला पाया

54.

खैर-मकदम* की महफिल

दुनिया की सारी नेमतें, जो भी थी मेरे पास
वो सब मैनें उस पे, सिर्फ उस पे लुटाई है
उसके इश्क़ में जितने भी मिले रंजो-ग़म
बस यही है वो दौलत, जो मैनें कमाई है

सारी सारी रात जाग के गुज़ारते थे पहले
अब ख्वाबों में उस से मिलने को, मिन्नतें कर के नींद बुलाई है

उसे मेरे जज़्बातों का इल्म तो है पर टाल गयी वो हर बार,
उसकी इस ठिठोली से, मेरी जान पे बन आई है

उसके बदन की खुश्बू फैली है इस क़दर जहाँ में
झूम कर इस नशे में हर कली इतराई है

इस प्यार को परवान चढ़ाने का हौंसला भी कर लिया है मैनें
अपने ख़ूने-दिल से उसके खैर-मकदम* की महफिल सजाई है

---

*स्वागत

53.

तन्हाई

कुछ यूँ दुनिया में लोगों ने मेरा दिल तोड़ दिया
मुझसे फायदा उठा कर मुझे जहाँ में तन्हा छोड़ दिया

जब भी मैनें चलना चाहा किसी राह अपनी मर्ज़ी से
मजबूरियों ने रास्ता मेरा अपनी तरफ मोड़ लिया

मेरा रंज कई गुना कर गये वो जिनकी खातिर
मैनें अपनी खुशियों को घटा कर
उनकी तकलीफों को खुद से जोड़ दिया

यूँ तो मरना ही है सब ने एक दिन मगर,
इन बेइमानियों ने मेरी रूह को जीते जी निचोड़ दिया

56.

खुशनुमा इश्क़

तुम्हारा ही रंग है ओढ़ा मैनें, अब हर पल खुशनुमा हूँ मैं
अब मुझ में तुम ही तुम हो, मुझ में अब कहाँ हूँ मैं

मेरी शुरुआत है तेरी अंगड़ाई और, तेरे रुख़सार की नरमी मेरी धूप में
मौसम अब कोई भी हो चाहे, बस तेरी खुश्बू अपने में संजोता हूँ मैं

दिन भर तेरे तसव्वुर* से पीछा ही नहीं छूटता मेरा
काम नहीं है मेरे पास और कोई, हर पहर तुझे ही सोचता हूँ मैं

शाम आते आते उदास हो जाता हूँ, तू नहीं है कहीं आस पास भी लेकिन
तेरे एहसास को महसूस कर, तेरी शान में दो जाम सजाता हूँ मैं

रात भर तुझसे ख्यालों में करता हूँ तेरी ही बातें क्यूँ कि
तेरी कमी ना कभी होगी पूरी ये अच्छे से जानता हूँ मैं

---

*ख्याल

57.

होली

हर बार की तरह इस बार भी हम ऐसे ही होली मनाएंगें
तुम्हारी आँखों का रंग चुरा कर अपने दिलो-दिमाग़ पे लगाएंगें

नहीं ज़रूरत किसी और नशे की, हमें तेरे इश्क़ का सुरुर काफ़ी है
इस कैफियत* का कोई तोड़ नहीं, इसके खुमार** से ना उम्र भर उबर पाएंगें

तेरी खुशी से गहरा कोई रंग नहीं, कोई और हमें नहीं अब पसंद
चाहे कुछ भी हो जाए अब, हम इसी रंग से अपनी दुनिया सजाएंगें

---

*हालत, **नशा

58.

जो काग़ज़ पे गुज़री

अगर कुबूल करो तो हमारी सीरत* कुबूल करना,
अक्सर देखा है, सूरतों पे दरारें पड़ जाती हैं
मजबूरियों हालातों से लड़ते लड़ते हर ख्वाहिश
हार कर अपनी मौत खुद मर जाती है

ज़माने ने देखी सिर्फ तस्वीर और उसके रंग,
जो काग़ज़ पे गुज़री, वो कहाँ नज़र आती है

मौसम बदले, पत्ते टूटे और नई कोंपलें फूटी
टहनियों से लेकिन पुरानी यादें कहाँ छूट पाती हैं

तड़प इतनी है नदी में समंदर से मिलने की,
मिठास को छोड़ नमक को भी सहन कर जाती हैं

---

*भीतरी सौन्दर्य

59.

शिकायतें

जिसने भी सताया तुम्हें दुनिया में, उनकी शिकायतें कर लिया करो
मैं सब सह जाऊंगा तुम्हारे लिए, चाहे मुझ से लड़ लिया करो

जो भी हो दिल में तुम्हारे, किसी के ताने, किसी का गुस्सा
दिल ही दिल में मत रखो, मुझ से वो बातें कर लिया करो

जो भी तुम्हें अच्छा लगता है, ये सोचने से पहले कि
तुम्हें वो मिल नहीं सकता, मुझ से एक बार तो माँग लिया करो

मेरे लिए सब से अज़ीज़ हो तुम, मेरी दुनिया का अहम हिस्सा हो
जब मैं कहता हूँ तुमसे ये, तो इस पर यकीन कर लिया करो

मेरे जीते जी तो ऐसा होगा नहीं, पर कभी जो दिल दुखाया मैनें तुम्हारा
तो समझ कर एक मासूम सी भूल, दिल से मुझे माफ कर दिया करो

60.

जवाब-सवाल

उनसे मैं बातें कुछ यूँ आजकल करता हूँ
जवाब नहीं आते, फिर भी सवाल करता हूँ

उन्हें कुछ तो पसंद आए जो मैंने कहा
इसी उम्मीद में कोशिश हर बार करता हूँ

क्यूँ उन्हें मेरे जज़्बातों का एहसास नहीं
यही सोचते सोचते मैं परेशान रहता हूँ

अपने दिल की बात करेंगें मुझसे कभी तो
हर पल मैं बस यही इंतज़ार करता हूँ

मेरी ज़िंदगी की शाम हो जाए उस से पहले,
वो समझ जाएँ मेरे जज़्बात ये दुआ करता हूँ

61.

सैलाब

यादों को यूँ संजो कर रखने से
आखिर तू ही बता क्या पाएगा
गुम हो जाएगा इनमें इस तरह
चाह कर भी निकल नहीं पाएगा

ना करो इतना ज़ुल्म इस पर
सह नहीं पाएगा, बेमौत मर जाएगा

कब तक तड़पेगा ये मासूम ऐसे घुट घुट कर
ऐसे ये दिल कभी सूकून ना पाएगा

अल्फ़ाज़ बना कर छलका दो इन्हें
सैलाब तो इक रोज़ आना है, आ जाएगा

और डरो ना सैलाब के आने से दिलबर,
ये नई फसलों के आने का एलान कर जाएगा

62.

जी का जजांल

कल तक जो था हाल मेरा,
वो आज उसका हाल हुआ है
जिसके जवाब के लिए तरसा था मैं
उसकी ज़िंदगी में खड़ा सवाल हुआ है

मेरा प्यार अपनाया नहीं उसने
तो मानो कुछ हुआ ही नहीं
उसकी मुहब्बत ठुकरा गया कोई
तो बस मानो बवाल हुआ है

मैं खुद को समझाऊँ या उसे संभालूं,
दिल दोनों के टूटे हैं प्यार में
अपने आँसूं रोकूं, कैसे उसे चुप कराऊँ
यही जी का बना जजांल हुआ है

इंतेहा ये है, अब भी वो जान कर
मेरे प्यार को नज़र अंदाज़ करता है
एक ही चीज़ को दो बार खोया
फिर भी ना ज़रा सा मलाल हुआ है

63.

सारे ग़म निचोड़ दूँ

बातों बातों में वो हर बात पे वो रोने लगता है
सोचता हूँ उस से बात करना ही छोड़ दूँ
फिर ख्याल आया, यही एक तो बचा है
क्या अब ये रिश्ता भी मैं तोड़ दूँ

जब उसके दर्द की टीस उठती है मेरे सीने में
तो फिर कैसे मैं उसे उसके हाल पे छोड दूँ

जिस तस्वीर में रंग भरे थे खूने-दिल से
कैसे उसे अपने ही हाथों से तोड़ दूँ

अपनी खुशियाँ दे दूँ उसे, उसके ग़म खुद ले लूँ
और उसके सपनों से अपने ख्वाबों को जोड़ दूँ

उसकी उदासी का इलाज यही समझ में आया
उसे गले लगा कर, उसके सारे ग़म निचोड़ दूँ

64.

इश्क करने का इल्ज़ाम

तुमसे इश्क करने का इल्ज़ाम, हमने खुद अपने सिर ले रखा है
खुद ही हैं हम गवाह और सुबूत भी, और तुम्हें मुंसिफ* भी हमने रखा है

मुँहज़ोर** हैं हम मगर बदसलीक़ा*** नहीं, तुमसे मिलने का और कोई तरीका नहीं
रोज़ मिलती रहे तारीख़ अगले दिन की, रिश्वत दे कर इसलिए आलिम**** बैठा रखा है

ग़म नहीं, डर नहीं ना सदमा होगा, तेरे हाथों ही होना है जो अंजाम होगा
चाहे लटका दे सूली पे, या उम्रकैद दे हमें, कुरबान तुझपे अपना इमान कर रखा है

दुनिया याद रखे ऐसी मिसाल रखना, इंतज़ार भले हो लम्बा, पर विसाल रखना
बदनाम ना होगी मेरी ये जायज़ मुहब्बत, पूरी उम्र का तुम पर ऐतबार रखा है

---

*वकील, **मुँहफट, ***बदतमीज़, ****क्लर्क

65.

मेरी सांसें रहे या ना रहे

तेरे साथ रहेंगें सदा, तू चाहे या ना चाहे
तेरा हर ग़म सहेंगें, तू कहे या ना कहे
सजी रहे खुशियों से तेरी ज़िन्दगी ये दुआ है मेरी
तू मेरे होने की दुआ चाहे करे ना करे

जो भी हो मंज़िल तेरी मैं साथ रहूंगा तेरे
भले उस राह में दुनिया साथ चले या ना चले

दिल से बस तेरे ही हैं और तेरे ही रहेंगे हम
इस बात पर तेरे मन में कोई शको-शुबाह ना रहे

हर सांस पे मेरी हक़ तेरा था, है और रहेगा
अब ये तुझ पर है कि मेरी सांसें रहे या ना रहे

66.

वो झूठा है

हर कोई कहीं ना कहीं, कभी ना कभी टूटा है
और जो कहे वो नहीं टूटा, तो वो झूठा है

हर ख़्वाहिश, हर ख़्वाब को पाने की चाहत में
ना जाने कितने छोड़ गये हमें, ना जाने हमसे कौन पीछे छूटा है

क्यों सवाल करें किसने साथ नहीं दिया वक्त पे
जब माफ कर दिया उनको, जिन्होंने हमारा क़ाफ़िला लूटा है

हमने तो सब्र कर लिया धोखा खाके ज़िंदगी में
फिर क्यों इस दुनिया का गुस्सा दिलबर, हम पर ही फूटा है

67.

अजीब है ये ज़िन्दगी

कितनी अजीब है ये ज़िन्दगी जनाब,
एक दिन मरने के लिए,
हर दिन जीना पड़ता है

हालातों से मजबूर हो कर हमें
प्यास बुझाने के लिए,
ज़हर भी पीना पड़ता है

इस बेरहम दुनिया में कोई नहीं
जो ज़ख्मों को सहला दे,
इन्हें खुद ही सीना पड़ता है

बेमतलब दुनिया, मतलबी रिश्ते,
यही रस्मो रिवाज है यहाँ
जो हर किसी को सीखना पड़ता है

एक जुआ है ये ज़िंदगी का खेल,
ग़ैरत* को दाँव पे लगा कर ही
दुनिया को जीतना पड़ता है

---

*आत्मसम्मान

68.

सिर्फ इक तेरे इक़रार में

सोए नहीं हम, आँखें थक चुकी थीं नींद के भार से
हमने फिर भी चाँद को ठुकरा दिया, तेरे इंतज़ार में

तेरी खामोश नज़रें ही हमें पिघला सकती हैं वरना
हमें मिटा सके, ऐसा दम नहीं किसी के भी वार में

ना सुबह याद रहती है, ना ठिकाना हमारी शाम का,
बस तेरी राह देखते देखते वक्त कटता है तेरे प्यार में

अगर सब कुछ खो कर भी पा लूँ तुम्हें तो यकीनन
जीत के मज़े से कई गुना ज़्यादा सूकून होगा इस हार में

तुझ संग हर ग़म, हर दुशवारी* को हँस के सह लूँगा
मेरे हर दर्द, हर मर्ज़ का इलाज है सिर्फ इक तेरे इक़रार में

---

*मुश्किल

69.

मेरे दिल का मंदिर

अपने जज़्बातों को अल्फ़ाज़ दे दूँ
हमें इस लायक भी ना छोड़ा है किसी ने

एक बूंद खून की भी ना बची इसमें
मेरे दिल को ऐसे निचोड़ा है किसी ने

कहाँ सजाऊँ मैं अपने दिलबर की मूरत,
मेरे दिल का मंदिर तोड़ा है किसी ने

दरारें दिखने लगी हैं शख्सियत में उसकी
कितने ज़ोर से उसे झिंझोड़ा है किसी ने

उसे पाने की हसरत भी मर गई है
मुझे इतना रूलाया है किसी ने

वो बाज़ी हार गया हर बार जब भी
मुझ को दाँव पे लगाया है किसी ने

दुनिया और रिश्ते सब मतलबी हैं
मुझे यही बस सिखाया है किसी ने

70.

सर्द शामों की धुंध

सर्द शामों की धुंध में सिमट जाऊंगा मैं
कुछ रिश्तों में पुराना पड़ गया हूँ,
उन रिश्तों से मिट जाऊंगा मैं

कइयों ने एहसास कराया, कमियाँ बहुत हैं मुझमें
अब हैं तो हैं, उन्हें मिटा के
खुदा तो नहीं बन जाऊंगा मैं

तुम्हारे संग बिताने को, कुछ लम्हें अलग रख छोड़े थे
अब तुम्हारी यादों के सहारे
उन्हें गुज़ार जाऊंगा मैं

दिल को तन्हा छोड़ा तो, तोड़ देंगें ज़माने में लोग
उनसे बचाने को दिल पे
अब क्या पत्थर रख पाऊँगा मैं

71.

एक नया जहाँ

तेरे रुख़सार* पे एक लट बन के
बस झूल जाना चाहता हूँ
इन मदभरी आँखों में डूब कर
नशे सब भूल जाना चाहता हूँ

तंग आ चुका हूँ इस जद्दो जहद से
अब आज़ाद कर दो मुझे इस दुनिया से
छोड़ कर इसे तेरे संग
एक नया जहाँ बसाना चाहता हूँ

तेरे साथ हर साँस जोड़ रखी है
धड़कन दिल की भी तेरे नाम की है
जो तेरी राह में मिल जाएँ मुझे
बस वही करम कमाना चाहता हूँ

तेरा हर दर्द, हर ग़म मैं अपना लूँगा
अपनी हर खुशी मैं तुझे दे दूँगा
तेरे साथ हर शह बाँट लूँ अपनी
ऐसी ही ज़िंदगी गुज़ारना चाहता हूँ

---

*गाल

72.

मांझा टूट गया

साथ जो था कई सालों का,
चन्द लम्हों में वो छूट गया
वो सितारा निकला बेवफ़ा,
अच्छा हुआ वो टूट गया

मैं खुश हूँ ये जान कर
उसे अफ़सोस नहीं बिछड़ने का
मैनें भी ये शुक्र मनाया
मेरे ग़म का खज़ाना कोई लूट गया

नई राहों पे अब निकलना है
नई मंज़िलें भी ढूंढनी अब मुझे
पुराने रास्तों से सरोकार नहीं
वो राबता तो कब का छूट गया

जो साथ खड़े हैं मेरे
उनके साथ खड़े रहना है
बांधनी हैं अब नई डोरियाँ मुझे
पुरानी पतंगों का मांझा टूट गया

73.

चंचल नदी

चाहा हमनें हर बार यही करें हम भी कुछ अपने मन की
इजाज़त ना दी हालातों ने, कभी मर्ज़ी ना हुई सजन की

मस्त पवन सा मैं भी उड़ता, कभी गिर भी जाता फिर खुद ही उठता
कभी ना ठहरता एक जगह, थाह नापता इस गहरे गगन की

चंचल नदी सा पहाड़ों में, लहरों की गिनती लाखों हज़ारों में
अपना रास्ता खुद बनाता, उम्मीद में समंदर से मिलन की

बाग में खिली इक नई कली से नई खुश्बुओं का अंबार लगता
इन्द्रधनुष के नये रंग सजते इन ताज़ा कलियों की छुअन से

मगर इन ख्वाबों की रौनक ना होगी कभी, हमने खुद ही बांध रखा है खुद को
मजबूरियों की बेड़ियों से ऐ खुदा, कहाँ ज़रूरत रही किसी दुश्मन की

74.

नया दिन है

ग़म की रात खत्म हुई अब
नया दिन है, नई बात करेंगें
कल बेशक हारे थे हम
आज से नई शुरुआत करेंगें

दिल को रंज के समंदर में
डूबने से रोकना होगा अब
खुशियों और सूकून से भरी हुई
इसे एक नई कायनात हम देंगें

बहुत हुआ मुश्किलों का ख़ौफ़
हमें अब उनको हराना है
हर कदम पे हम नई मंज़िलों की
नई फ़तह की दास्तां अब लिखेंगे

दुश्मन करें लाख कोशिशें
हम ना डिगेंगे अपनी राह से कभी
दुश्वारियों की नहीं अब परवाह हमें
दोस्तों के हम निगेहबान* बनेंगे

---

*रक्षक

75.

लावारिस मुहब्बत

शराबे-ग़म में आबे*-आँसू मिला के पी जाऊँगा
यारों की दुआ रही तो, मैं हर हाल में जी जाऊँगा

कितनी आसानी से उसने छोड़ा मेरा साथ और मैं सोचता था
हमसफ़र जो छूटा तो इस सफ़रे-जहाँ में भटक जाऊँगा

पर अब नहीं कोई ज़रुरत किसी सहारे की
अपने बलबूते पे हर ख्वाब को मुमकिन कर जाऊँगा

उसके इश्क़ के नशे से मैं आज़ाद हूँ अब
और वो समझा था उसके बगैर मैं मर जाऊँगा

कमाई हैं दौलत मैंने दुनिया में बाँटने के लिए,
लेकिन मैं अपनी नाकाम मुहब्बत लावारिस छोड़ जाऊँगा

---

*पानी

www.ingramcontent.com/pod-product-compliance
Lightning Source LLC
LaVergne TN
LVHW061558070526
838199LV00077B/7102
9789358190755